대구도시철도공사

KB100737

차량검수 · 차량운영직

기출동형 모의고사

제 2 회	영 역	직업기초능력평가 기계일반
	문항수	80문항
	시 간	80분
	비 고	객관식 5지선다형

SEOWONGAK

(주)서원각

제2회 기출동형 모의고사

✏️ **직업기초능력평가(40문항)**

1. 다음은 사원 A가 작성한 에너지 사용량에 대한 보고서의 일부이다. 주어진 내용을 참고할 때, 이 보고서에 포함된 내용이라고 보기 어려운 것은 무엇인가?

에너지의 사용량을 결정하는 핵심 요인은 함께 거주하는 가구원의 수이다. 다음 표를 통해 가구원수가 많아질수록 연료비 지출액 역시 함께 증가하는 것을 확인할 수 있다.

가구원수	비율 (%)	가구소득 (천 원, %)	연료비 (원, %)	연료비 비율(%)
5명 이상	7.5	4,677,671(319.0)	148,456(250.1)	4.01
4명	25.3	4,470,861(304.9)	129,287(217.8)	3.73
3명	23.4	3,877,247(264.4)	117,963(198.7)	4.36
2명	26.8	2,645,290(180.4)	96,433(162.5)	6.67
1명	17.0	1,466,381(100.0)	59,360(100.0)	8.18

하지만 가구원수와 연료비는 비례하여 증가하는 것은 아니며, 특히 1인 가구의 지출액은 3인이나 4인 가구의 절반 수준, 2인 가구와 비교하여서도 61.5% 수준에 그친다. 연료비 지출액이 1인 가구에서 상대적으로 큰 폭으로 떨어지는 이유는 1인 가구의 가구 유형에서 찾을 수 있다. 1인 가구의 40.8%가 노인가구이며, 노인가구의 낮은 소득수준이 연료비 지출을 더욱 압박하는 효과를 가져왔을 것이다. 하지만 1인 가구의 연료비 감소폭에 비해 가구소득의 감소가 훨씬 크며, 그 결과 1인 가구의 연료비 비율 역시 3인 이상인 가구들에 비해 두 배 가까이 높게 나타난다. 한편 2인 가구 역시 노인가구의 비율이 27.1%로 3인 이상 가구 6.8%에 비해 3배 이상 높게 나타난다.

① 과거 일정 기간 동안의 연료비 증감 내역
② 가구의 연령대별 연료비 지출 내역
③ 가구의 유형별 연료비 지출 현황
④ 가구 소득분위별 연료비 지출 현황
⑤ 1인 가구의 연료비 지출 감소 원인

2. 다음 청년들의 취업난과 관련한 글에서 빈칸 ㈎에 공통으로 들어갈 말은?

정부는 (㈎) 근절을 위하여 2016년 2월 1일 인턴·실습생 등 「일경험 수련생에 대한 법적지위 판단과 보호를 위한 가이드라인」을 마련하여 발표하였다. 그간 일부 기업에서 일경험 제도에 대한 규율의 사각지대 속에서 일경험 수련생을 교육·훈련 목적 없이 단순 노동력으로 활용하여 청년들에게 부정적인 직업관을 갖게 하고 기업의 경쟁력·생산성 저하는 물론 노동시장 전반에 나쁜 일자리를 만들고 있다는 문제가 제기되었다.

실제로 '15년 상반기 인턴 다수 고용사업장 기획 감독을 실시한 결과, 일부 패션·호텔 업종 등에서 필요 인력을 근로자가 아닌 실습생으로 대체 채용하고, 일반 근로자와 동일하게 연장·야간 근로를 하게 하는 등 사실상 근로기준법 상 근로자로 활용하면서 법적 의무를 이행하지 않는 법 위반 사례를 적발한 바 있다.

이에 청년취업난에 편승하여 실습생, 견습생, 인턴 등 이름으로 청년들의 노동력을 착취하는 소위 (㈎)를(을) 근절하고 청년들의 열정이 존중되고 올바른 일경험 문화 정착을 위해 일경험 수련생 가이드라인을 마련하였다. 일경험 수련생 가이드라인은 관련 전문가 연구용역, 간담회 등을 거쳐 기초(안)을 만들고, 업종별 협회(호텔, 출판, 패션 등), 유관단체(청년 유니온, 노동사회연구소 등), 대학관계자, 관계부처, 해외사례 등 다양하고 폭넓은 의견을 수렴하여 마련하였다.

① 무급근로
② 이그니마
③ 열정페이
④ 청년실업
⑤ 인턴체험

3. 다음은 '저영향 개발(Low Impact Development, LID)'에 대하여 설명하고 있는 글이다. 글의 내용이 자연스럽게 이어지도록 ㈎~㈐ 단락의 순서를 적절히 나열한 것은?

㈎ 국내에서는 신도시 건설과 기존 도시의 재생 및 비점오염 저감 등의 목적으로 LID기법이 활발하게 적용되고 있다. LH공사의 아산탕정지구 분산형 빗물관리 도시, 환경부의 강릉 저탄소 녹색 시범도시 등이 대표적이다. 또한, 수원시는 물 자급률 향상을 위해 빗물 관리 사업인 레인시티 사업을 시행하고 있고, 서울시에서도 빗물관리 기본 계획을 수립하는 등 지방자치단체에서도 저영향 개발에 대한 관심이 매우 높아지고 있다. K-water에서는 송산 그린시티사업, 에코델타시티 사업 등 다양한 수변도시 및 친수구역 조성 사업에 LID 기술을 적용하여 진행하고 있다. 송산 그린시티 조성 사업은 시화호 주변 지역의 생태환경을 보전하는 동시에 시화 방조제 건설로 생성된 대규모 간석지를 효율적으로 활용, 자연과 환경, 인간 모두를 고려한 합리적인 도시를 조성하는 사업이다. 사업 지역 내 동측지구에 계획된 장치형 비점오염 저감시설을 식생수로, 빗물 정원 등 자연형 LID시설로 전환하는 것을 시작으로 강우발생 시 자체 발생원에서 관리가 가능한 분산식 우수배제 방식으로 설계하는 등 저영향 개발 기술을 적극적으로 활용하고 있다. 또한, 그린인프라 시설에 대한 효과를 극대화하는 시범지구를 설정, 저영향 개발 설계를 진행하고 있다.

㈏ 기후변화 대응 및 국가정책 기조에 따라 수자원 관리 및 이용의 중요성이 확대되면서, 저영향개발(Low Impact Development, LID)기반의 물순환 도시 조성 계획·설계 기술의 확보가 요구되고 있다. 국가별로 사용하는 용어는 상이하나 접근하는 방식은 유사한데, 공통적으로 발생한 강우를 그 지역 내에서 관리하는 분산형 빗물관리 기술을 적용하고 있고, 저영향 개발(LID, 미국), 자연 순응형 개발(sound water cycle on national planning, 일본), 분산식 도시계획(decentralized urban design, 독일), 지속가능한 도시계획(water sensitive urban design, 호주) 등 발생원의 빗물관리를 목표로 한다. 미국 내 많은 연방기관과 주 정부 및 지자체에서는 저영향 개발을 이용한 우수관리 기법에 관한 지침서와 매뉴얼을 제공하고, 유역의 신규 개발 또는 재개발 시 LID 기술을 활용하도록 제도화되어 있다.

㈐ 한국 그린인프라·저영향 개발 센터는 그린 인프라(Green Infrastructure, GI)·LID기술에 대한 검인증 역할 수행 및 연구를 위한 세계 최초의 다목적 실내·외 종합검증시설이며, 다양한 형태의 LID 실증시설을 실제로 구축·운영함으로써 수리·수문, 토질, 재료, 환경 분야의 실험 및 분석을 수행하고 있다. 또한, 분산형 테스트베드의 성격뿐만 아니라 설계-시공-운영-모니터링-유지관리 기술의 흐름을 통한 기술 통합적 실증단지로서의 역할을 목표로 GI·LID 실증검증사업, 교육 및 정책 지원사업, 국가 연구개발 사업, 기업체 기술개발 지원사업으로 구분하여 GI·LID 관련 정책제안, 기술개발 등의 연구, 홍보 및 교육을 수행할 계획이다.

㈑ 한편, LID기술의 국내 현장 적용 및 파급 확대를 위해서는 선진국 수준의 설계 및 요소기술의 검증 및 인증을 위한 방안 마련과 사업 후 적용평가를 위한 지침의 개발이 시급하다. 이에 국토교통부 '물관리연구사업'의 일환인 「건전한 도시물순환인프라의 저영향개발(LID) 및 구축·운영 기술」 연구단 프로젝트를 2012년 12월부터 2018년까지 부산대학교, K-water, LH, 한국건설기술연구원 등 10여개의 전문기관이 컨소시엄으로 참여하여 연구수행 중이다. 「건전한 도시물순환인프라의 저영향 개발(LID) 및 구축운영기술 연구단」은 본 연구사업을 통하여 부산대학교 양산캠퍼스에 한국 그린인프라·저영향 개발 센터를 설립하였다.

① ㈎ - ㈏ - ㈑ - ㈐
② ㈏ - ㈎ - ㈑ - ㈐
③ ㈏ - ㈎ - ㈐ - ㈑
④ ㈏ - ㈑ - ㈎ - ㈐
⑤ ㈐ - ㈎ - ㈑ - ㈏

4. 다음 글에서 형식이가 의사소통능력을 향상시키기 위해 노력한 것으로 옳지 않은 것은?

○○기업에 다니는 형식이는 평소 자기주장이 강하고 남의 말을 잘 듣지 않는다. 오늘도 그는 같은 팀 동료들과 새로운 프로젝트를 위한 회의에서 자신의 의견만을 고집하다가 결국 일부 팀 동료들이 자리를 박차고 나가 마무리를 짓지 못했다. 이로 인해 형식은 팀 내에서 은근히 따돌림을 당했고 자신의 행동에 잘못이 있음을 깨달았다. 그 후 그는 서점에서 다양한 의사소통과 관련된 책을 읽으면서 조금씩 자신의 단점을 고쳐 나가기로 했다. 먼저 그는 자신이 너무 자기주장만을 내세운다고 생각하고 이를 절제하기 위해 꼭 하고 싶은 말만 간단명료하게 하기로 마음먹었다. 그리고 말을 할 때에도 상대방의 입장에서 먼저 생각하고 상대방을 배려하는 마음을 가지려고 노력하였다. 또한 남의 말을 잘 듣기 위해 중요한 내용은 메모하는 습관을 들이고 상대방이 말할 때 적절하게 반응을 보였다. 이렇게 6개월을 꾸준히 노력하자 등을 돌렸던 팀 동료들도 그의 노력에 감탄하며 다시 마음을 열기 시작했고 이후 그의 팀은 중요한 프로젝트를 성공적으로 해내 팀원 전원이 한 직급씩 승진을 하게 되었다.

① 메모하기
② 배려하기
③ 시선공유
④ 반응하기
⑤ 생각하기

5. 다음은 IT회사에 인턴으로 채용된 두 사람의 대화이다. 두 사람이 제출했을 토론 주제로 적합한 것은?

A : 대리님께서 말씀하신 토론 주제 정했나요? 저는 인터넷에서 '저무는 육필의 시대'라는 기사를 찾아봤는데 토론 주제로 괜찮을 것 같아서 그걸 정리하려고 해요.

B : 전 아직 마땅한 게 없어서 찾는 중이에요. 그런데 육필이 뭔가요

A : 컴퓨터로 글을 쓰는 게 디지털 글쓰기라면 손으로 글을 쓰는 걸 육필이라고 해요!

B : 아! 그렇군요. 그럼 저희는 디지털 글쓰기 세대군요!

A : 그런 셈이죠. 요즘 다들 컴퓨터로 글을 쓰니까요. 그나저나 디지털 글쓰기의 장점이 뭐라고 생각하세요?

B : 떠오르는 대로 빨리 쓸 수 있다는 거 아닐까요? 또 쉽게 고칠 수도 있고, 그래서 누구나 쉽게 글을 쓸 수 있다는 점이 디지털 글쓰기의 최대 장점이라고 생각해요.

A : 맞아요. 기존의 글쓰기가 소수의 전유물이었다면, 디지털 글쓰기 덕분에 누구나 쉽게 글을 쓰고 의사소통을 할 수 있게 되었다는 게 제가 본 기사의 핵심이었죠. 한마디로 글쓰기의 민주화가 이루어진 거죠.

B : 글쓰기의 민주화라니 멋있어 보이긴 하지만 꼭 장점만 있는 건 아닌 거 같아요. 누구나 쉽게 글을 쓴다는 건, 그만큼 글이 가벼워졌다는 거 아닌가요? 주변에도 그런 글들을 많이 볼 수 있잖아요.

A : 하긴, 디지털 글쓰기 때문에 과거보다 진지하게 글을 쓰는 사람이 적어진 건 사실이죠. 남의 글을 베끼거나 근거 없는 내용을 담은 글들이 많아졌어요.

B : 그럼 우리 이 주제로 토론을 해보는 거 어떤가요?

① 세대 간 정보화 격차
② 디지털 글쓰기의 장단점
③ 디지털 글쓰기와 정보화
④ 디지털 글쓰기의 미래
⑤ 디지털 글쓰기와 의사소통의 관계

6. 다음 밑줄 친 어휘의 쓰임이 가장 적절하지 않은 것은?

평균 수명의 증가만으로도 우리의 일하는 패턴이 크게 <u>변화</u>하듯이, 환경의 변화에 의해서도 우리의 일하는 모습은 바뀌게 된다. 일자리에 심대한 변화를 줄 것으로 <u>예측</u>되는 외부 환경 변화로는 4차 산업혁명의 <u>도래</u>, 저성장, 저출산, 고령화 등을 꼽을 수 있다. 4차 산업혁명과 관련해서는 과연 <u>실제</u>하는 현상인가에 대한 회의적인 시각이 많은 것이 사실이다. 하지만 이러한 문제 제기는 국가적 리소스 투입의 우선순위를 결정하는 영역까지만 유의미한 논쟁이라고 생각한다. 변화의 트렌드는 명확하게 존재하며 속도의 차이에 대한 <u>이견</u>만 있을 뿐 우리생활에 영향을 줄 것은 분명한 사실이기 때문이다.

① 변화
② 예측
③ 도래
④ 실제
⑤ 이견

7. 다음의 밑줄 친 단어의 한자어 표기가 옳지 않은 것은?

첫 번째 산업 구조의 변화에 <u>해당</u>하는 1차 산업혁명은 증기기관의 발명과 함께 시작된 산업의 변화를 의미한다. 철도, 방적기 등이 저변 확대되면서 사람과 가축에 의한 작업들이 기계에 의해 <u>대체</u>되면서 발생된 변화를 일컫는다. 2차 산업혁명은 전기의 공급과 컨베이어벨트에 의한 대량 <u>생산</u> 체제로의 변화를 말한다. 전기와 석유화학 기술의 동반 발전으로 인해 에너지 혁명이라고도 부른다. 3차 산업혁명은 컴퓨터와 인터넷 기반의 자동 생산 및 지식정보 혁명을 말한다. 디지털 혁명이라고도 한다. 4차 산업혁명은 디지털 혁명을 <u>기반</u>으로 하되 그 수준을 뛰어 넘어, 사물과 사물간의 정보가 실시간으로 전달, <u>공유</u>됨으로써 기존에는 불가능했던 생산 방식이 가능해지는 것은 물론, 이로 인해 경제, 사회 구조가 변화하고 인간의 의식과 생활양식까지 바뀌게 되는 변화를 의미한다.

① 해당 – 該當
② 대체 – 大體
③ 생산 – 生産
④ 기반 – 基盤
⑤ 공유 – 共有

8. 다음 글의 내용과 일치하지 않는 것은?

세상에 개미가 얼마나 있을까를 연구한 학자가 있습니다. 전 세계의 모든 개미를 일일이 세어 본 절대적 수치는 아니지만 여기저기서 표본 조사를 하고 수없이 곱하고 더하고 빼서 나온 숫자가 10의 16제곱이라고 합니다. 10에 영이 무려 16개가 붙어서 제대로 읽을 수조차 없는 숫자가 되고 맙니다.

전 세계 인구가 65억이라고 합니다. 만약 아주 거대한 시소가 있다고 했을 때 한쪽에는 65억의 인간이, 한쪽에는 10의 16제곱이나 되는 개미가 모두 올라탄다고 생각해 보십시오. 개미와 우리 인간은 함께 시소를 즐길 수 있습니다.

이처럼 엄청난 존재가 개미입니다. 도대체 어떻게 개미가 이토록 생존에 성공할 수 있었을까요? 그건 바로 개미가 인간처럼 협동할 수 있는 존재라서 그렇습니다. 협동만큼 막강한 힘을 보여 줄 수 있는 것은 없습니다.

하나만 예를 들겠습니다. 열대에 가면 수많은 나무들이 조금이라도 더 햇볕을 받으려고 서로 얽히고설켜 빽빽하게 서 있습니다. 이 나무들 중에 개미가 집을 짓고 사는 아카시아 나무가 있는데 자그마치 6천만 년 동안이나 개미와 공생을 해 왔습니다. 아카시아 나무는 개미에게 필요한 집은 물론 탄수화물과 단백질 등 영양분도 골고루 제공하는 대신, 개미는 반경 5미터 내에 있는 다른 식물들을 모두 제거해 줍니다. 대단히 놀라운 일이죠. 이처럼 개미는 많은 동식물과 서로 밀접한 공생관계를 맺으며 오랜 세월을 살아온 것입니다.

진화 생물학은 자연계에 적자생존의 원칙이 존재한다고 말합니다. 하지만 적자생존이란 어떤 형태로든 잘 살 수 있는, 적응을 잘하는 존재가 살아남는다는 것이지 꼭 남을 꺾어야만 한다는 뜻은 아닙니다. 그동안 우리는 자연계의 삶을 경쟁 일변도로만 보아온 것 같습니다. 자연을 연구하는 생태학자들도 십여 년 전까지는 이것이 자연의 법칙인 줄 알았습니다. 그런데 이 세상을 둘러보니 살아남은 존재들은 무조건 전면전을 벌이면서 상대를 꺾는 데만 주력한 생물이 아니라 자기 짝이 있는, 서로 공생하면서 사는 종(種)이라는 사실을 발견한 것입니다.

① 개미는 협동하는 능력을 지니고 있다.
② 아카시아 나무와 개미는 공생 관계에 있다.
③ 자연계에서는 적응을 잘하는 존재가 살아남는다.
④ 적자생존이란 반드시 남을 꺾는 것만을 의미한다.
⑤ 10의 16제곱이라는 개미의 수는 절대적인 수치는 아니다.

9. 다음 〈조건〉을 바탕으로 반드시 범인이 아닌 사람을 고르면?

〈조건〉
• A, B, C, D, E 5명 중 2명이 범인이 있다.
• 범인은 목격자가 될 수 없으며, 범인이 아닌 3명 중 1명의 목격자가 있다.
• 5명 중 3명이 진술을 진실이고, 2명의 진술은 거짓이다.

A : E가 범인임을 목격했다.
B : C가 범인임을 목격했다.
C : 나는 범인이다.
D : A의 진술은 진실이다.
E : 나는 범인이 아니다.

① A
② B
③ C
④ D
⑤ E

10. 다음 물질 A, B, C의 특성에 대하여 추정한 것으로 옳은 것만을 〈보기〉에서 있는 대로 고른 것은?

갑, 을, 병은 산행을 하다 식용으로 보이는 버섯을 채취하였다. 하산 후 갑은 생버섯 5g과 술 5잔, 을은 끓는 물에 삶은 버섯 5g과 술 5잔, 병은 생버섯 5g만 먹었다.

다음 날 갑과 을은 턱 윗부분만 검붉게 변하는 악취(顎醉) 현상이 나타났으며, 둘 다 5일 동안 지속되었으나 병은 그러한 현상이 없었다. 또한, 세 명은 버섯을 먹은 다음 날 오후부터 미각을 상실했다가, 7일 후 모두 회복되었다. 한 달 후 건강 검진을 받은 세 명은 백혈구가 정상치의 1/3 수준으로 떨어진 것이 발견되어 무균 병실에 입원하였다. 세 명 모두 1주일이 지나 백혈구 수치가 정상이 되어 퇴원하였고 특별한 치료를 한 것은 없었다.

담당 의사는 만성 골수성 백혈병의 권위자였다. 만성 골수성 백혈병은 비정상적인 유전자에 의해 백혈구를 필요 이상으로 증식시키는 티로신 키나아제 효소가 만들어짐으로써 나타난다. 담당 의사는 3개월 전 문제의 버섯을 30g 섭취한 사람이 백혈구의 급격한 감소로 사망한 보고가 있다는 것을 알았으며, 해당 버섯에서 악취 현상 원인 물질 A, 미각 상실 원인 물질 B, 백혈구 감소 원인 물질 C를 분리하였다.

〈보기〉
㉠ A는 알코올과의 상호 작용에 의해서 증상을 일으킨다.
㉡ B는 알코올과의 상관관계는 없고, 물에 끓여도 효과가 약화되지 않는다.
㉢ C는 물에 끓이면 효과가 약화되며, 티로신 키나아제의 작용을 억제하는 물질로 적정량 사용하면 만성 골수성 백혈병 치료제의 가능성이 있다.

① ㉠
② ㉢
③ ㉠, ㉡
④ ㉡, ㉢
⑤ ㉠, ㉡, ㉢

11. 다음을 보고 옳은 것을 모두 고르면?

대구도시철도공사에서 문건 유출 사건이 발생하여 관련자 다섯 명을 소환하였다. 다섯 명의 이름을 편의상 갑, 을, 병, 정, 무라 부르기로 한다. 다음은 관련자들을 소환하여 조사한 결과 참으로 밝혀진 내용들이다.
㉠ 소환된 다섯 명이 모두 가담한 것은 아니다.
㉡ 갑과 을은 문건유출에 함께 가담하였거나 함께 가담하지 않았다.
㉢ 을이 가담했다면 병이 가담했거나 갑이 가담하지 않았다.
㉣ 갑이 가담하지 않았다면 정도 가담하지 않았다.
㉤ 정이 가담하지 않았다면 갑이 가담했고 병은 가담하지 않았다.
㉥ 갑이 가담하지 않았다면 무도 가담하지 않았다.
㉦ 무가 가담했다면 병은 가담하지 않았다.

① 가담한 사람은 갑, 을, 병 세 사람뿐이다.
② 가담하지 않은 사람은 무 한 사람뿐이다.
③ 가담한 사람은 을과 병 두 사람뿐이다.
④ 가담한 사람은 병과 정 두 사람뿐이다.
⑤ 가담한 사람은 갑, 을, 병, 무 이렇게 네 사람이다.

12. 다음 글의 내용이 참일 때, 반드시 참인 것만을 모두 고른 것은?

전통문화 활성화 정책의 일환으로 일부 도시를 선정하여 문화관광특구로 지정할 예정이다. 특구 지정 신청을 받아본 결과, A, B, C, D, 네 개의 도시가 신청하였다. 선정과 관련하여 다음 사실이 밝혀졌다.

• A가 선정되면 B도 선정된다.
• B와 C가 모두 선정되는 것은 아니다.
• B와 D 중 적어도 한 도시는 선정된다.
• C가 선정되지 않으면 B도 선정되지 않는다.

㉠ A와 B 가운데 적어도 한 도시는 선정되지 않는다.
㉡ B도 선정되지 않고, C도 선정되지 않는다.
㉢ D는 선정된다.

① ㉠
② ㉡
③ ㉠, ㉢
④ ㉡, ㉢
⑤ ㉠, ㉡, ㉢

13. 다음의 선발조건을 근거로 판단하여 2019년 3월 인사 파견에 선발될 직원을 모두 고른 것은?

- 대구도시철도공사는 소속 임직원들의 역량 강화를 위해 정례적으로 인사 파견을 실시하고 있다.
- 인사 파견은 지원자 중 3명을 선발하여 1년간 이루어지고 파견 기간은 변경되지 않는다.
- 선발조건은 다음과 같다.
  - 과장을 선발하는 경우 동일 부서에 근무하는 직원을 1명 이상 함께 선발한다.
  - 동일 부서에 근무하는 2명 이상의 팀장을 선발할 수 없다.
  - 기술본부 직원을 1명 이상 선발한다.
  - 근무평정이 70점 이상인 직원만을 선발한다.
  - 어학능력이 '하' 인 직원을 선발한다면 어학 능력이 '상'인 직원도 선발한다.
  - 직전 인사 파견 기간이 종료된 이후 2년이 경과하지 않은 직원을 선발할 수 없다.
- 2018년 3월 인사 파견의 지원자 현황은 다음과 같다.

직원	직위	근무부서	근무평정	어학능력	직전 인사 파견 시작 시점
A	과장	기술본부	65	중	2014. 1.
B	과장	사업본부	75	하	2015. 1.
C	팀장	기술본부	90	중	2015. 7.
D	팀장	차량본부	70	상	2014. 7.
E	팀장	차량본부	75	중	2015. 1.
F	사원	기술본부	75	중	2015. 1.
G	사원	사업본부	80	하	2014. 7.

① A, D, F
② B, D, G
③ B, E, F
④ C, D, G
⑤ D, F, G

14. 반지 상자 A, B, C 안에는 각각 금반지와 은반지 하나씩 들어있고, 나머지 상자는 비어있다. 각각의 상자 앞에는 다음과 같은 말이 씌어있다. 그런데 이 말들 중 하나의 말만이 참이며, 은반지를 담은 상자 앞 말은 거짓이다. 다음 중 항상 맞는 것은?

> A 상자 앞 : 상자 B에는 은반지가 있다.
> B 상자 앞 : 이 상자는 비어있다.
> C 상자 앞 : 이 상자에는 금반지가 있다.

① 상자 A에는 은반지가 있다.
② 상자 A에는 금반지가 있다.
③ 상자 B에는 은반지가 있다.
④ 상자 B에는 금반지가 있다.
⑤ 상자 B는 비어있다.

15. A, B, C, D, E는 형제들이다. 다음의 〈보기〉를 보고 첫째부터 막내까지 올바르게 추론한 것은?

> 〈보기〉
> ㉠ A는 B보다 나이가 적다.
> ㉡ D는 C보다 나이가 적다.
> ㉢ E는 B보다 나이가 많다.
> ㉣ A는 C보다 나이가 많다.

① E > B > D > A > C
② E > B > A > C > D
③ E > B > C > D > A
④ D > C > A > B > E
⑤ D > C > A > E > B

16. 다음을 읽고 네 사람의 직업이 중복되지 않을 때 C의 직업이 무엇인지 고르면?

> ㉠ A가 국회의원이라면 D는 영화배우이다.
> ㉡ B가 승무원이라면 D는 치과의사이다.
> ㉢ C가 영화배우면 B는 승무원이다.
> ㉣ C가 치과의사가 아니라면 D는 국회의원이다.
> ㉤ D가 치과의사가 아니라면 B는 영화배우가 아니다.
> ㉥ B는 국회의원이 아니다.

① 국회의원
② 영화배우
③ 승무원
④ 치과의사
⑤ 알 수 없다.

17. 당신은 강의를 통해 갈등에 대응하는 유형은 총 다섯 가지로 구분할 수 있다는 것을 알게 되었다. 다음은 분류한 유형에 관한 내용이다. 해당 유형과 이에 대한 설명의 연결이 바르지 않은 것은?

① 회피형 : 사안이 해결되지 않고, 상대방을 의심하게 되는 문제가 있다.
② 경쟁형 : 자신의 목표를 달성하는 대신 상대와의 관계는 희생하는 경향이 있다.
③ 타협형 : 상대방과 비슷한 역량을 가지고 상호 견제 하에 각자의 목표를 추구하는 유형이다.
④ 협력형 : 소통을 통해 다양한 의견을 통합해 문제를 해결하는 유형이다.
⑤ 순응형 : 갈등을 통해 자존심을 지키고, 원만한 갈등 해결이 가능하다.

18. 대인관계능력을 구성하는 하위능력 중 현재 동신과 명섭의 팀에게 가장 필요한 능력은 무엇인가?

> 올해 E그룹에 입사하여 같은 팀에서 근무하게 된 동신과 명섭은 다른 팀에 있는 입사동기들과 외딴 섬으로 신입사원 워크숍을 가게 되었다. 그 곳에서 각 팀별로 1박 2일 동안 스스로 의·식·주를 해결하며 주어진 과제를 수행하는 임무가 주어졌는데 동신은 부지런히 섬 이 곳 저 곳을 다니며 먹을 것을 구해오고 숙박할 장소를 마련하는 등 솔선수범 하였지만 명섭은 단지 섬을 돌아다니며 경치 구경만 하고 사진 찍기에 여념이 없었다. 그리고 과제수행에 있어서도 동신은 적극적으로 임한 반면 명섭은 소극적인 자세를 취해 그 결과 동신과 명섭의 팀만 과제를 수행하지 못했고 결국 인사상의 불이익을 당하게 되었다.

① 리더십능력

② 팀워크능력

③ 협상능력

④ 고객서비스능력

⑤ 소통능력

19. 다음 사례에서 장부장이 취할 수 있는 가장 적절한 행동은 무엇인가?

> 서울에 본사를 둔 T그룹은 매년 상반기와 하반기에 한 번씩 전 직원이 워크숍을 떠난다. 이는 평소 직원들 간의 단체생활을 중시 여기는 T그룹 회장의 지침 때문이다. 하지만 워낙 직원이 많은 T그룹이다 보니 전 직원이 한꺼번에 움직이는 것은 불가능하고 각 부서별로 그 부서의 장이 재량껏 계획을 세우고 워크숍을 진행하도록 되어 있다. 이에 따라 생산부서의 장부장은 부원들과 강원도 태백산에 가서 1박 2일로 야영을 하기로 했다. 하지만 워크숍을 가는 날 아침 갑자기 예약한 버스가 고장이 나서 출발을 못한다는 연락을 받았다.

① 워크숍은 장소보다도 이를 통한 부원들의 단합과 화합이 중요하므로 서울 근교의 적당한 장소를 찾아 워크숍을 진행한다.

② 무슨 일이 있어도 계획을 실행하기 위해 새로 예약 가능한 버스를 찾아보고 태백산으로 간다.

③ 어쩔 수 없는 일이므로 상사에게 사정을 얘기하고 이번 워크숍은 그냥 집에서 쉰다.

④ 각 부원들에게 의견을 물어보고 각자 자율적으로 하고 싶은 활동을 하도록 한다.

⑤ 시간이 늦어지더라도 예정된 강원도로 야영을 간다.

20. 다음 사례를 보고 리츠칼튼 호텔의 고객서비스 특징으로 옳은 것은?

> Robert는 미국 출장길에 샌프란시스코의 리츠칼튼 호텔에서 하루를 묵은 적이 있었다.
>
> 그는 서양식의 푹신한 베개가 싫어서 프런트에 전화를 걸어 좀 딱딱한 베개를 가져다 달라고 요청하였다. 호텔 측은 곧이어 딱딱한 베개를 구해왔고 덕분에 잘 잘 수 있었다.
>
> 다음날 현지 업무를 마치고 다음 목적지인 뉴욕으로 가서 우연히 다시 리츠칼튼 호텔에서 묵게 되었는데 아무 생각 없이 방 안에 들어간 그는 깜짝 놀랐다. 침대 위에 전날 밤 사용하였던 것과 같은 딱딱한 베개가 놓여 있는 게 아닌가.
>
> 어떻게 뉴욕의 호텔이 그것을 알았는지 그저 놀라울 뿐이었다. 그는 호텔 측의 이 감동적인 서비스를 잊지 않고 출장에서 돌아와 주위 사람들에게 침이 마르도록 칭찬했다.
>
> 어떻게 이런 일이 가능했을까? 리츠칼튼 호텔은 모든 체인점이 항시 공유할 수 있는 고객 데이터베이스를 구축하고 있었고, 데이터베이스에 저장된 정보를 활용해서 그 호텔을 다시 찾는 고객에게 완벽한 서비스를 제공하고 있었던 것이다.

① 불만 고객에 대한 사후 서비스가 철저하다.

② 신규 고객 유치를 위해 이벤트가 다양하다.

③ 고객이 물어보기 전에 고객이 원하는 것을 실행한다.

④ 고객이 원하는 것이 이루어질 때까지 노력한다.

⑤ 고객이 있는 곳으로 셔틀을 보내는 서비스를 제공한다.

21. 다음 사례에서 팀원들의 긴장을 풀어주기 위해 나팀장이 취할 수 있는 행동으로 가장 적절한 것은?

> 나팀장이 다니는 ▷◁기업은 국내에서 가장 큰 매출을 올리며 국내 경제를 이끌어가고 있다. 그로 인해 임직원들의 연봉은 다른 기업에 비해 몇 배나 높은 편이다. 하지만 그만큼 직원들의 업무는 많고 스트레스 또한 다른 직장인들에 비해 훨씬 많다. 매일 아침 6시까지 출근해서 2시간 동안 회의를 하고 야근도 밥 먹듯이 한다. 이런 생활이 계속되자 갓 입사한 신입직원들은 얼마 못 가 퇴사하기에 이르고 기존에 있던 직원들도 더 이상 신선한 아이디어를 내놓기 어려운 실정이 되었다. 특히 오늘 아침에는 유난히 팀원들이 긴장을 하는 것 같아 나팀장은 새로운 활동을 통해 팀원들의 긴장을 풀어주어야겠다고 생각했다.

① 자신이 신입직원이었을 당시 열정적으로 일해서 성공한 사례들을 들려준다.

② 오늘 아침 발표된 경쟁사의 신제품과 관련된 신문기사를 한 부씩 나눠주며 읽어보도록 한다.

③ 다른 직장인들에 비해 자신들의 연봉이 높음을 강조하면서 조금 더 힘내 줄 것을 당부한다.

④ 회사 근처에 있는 숲길을 천천히 걸으며 잠시 일상에서 벗어날 수 있는 시간을 마련해 준다.

⑤ 현재 맡고 있는 업무의 중요성을 알려준다.

22. 갈등이 증폭되는 일반적인 원인이 아닌 것은?

① 승·패의 경기를 시작

② 승리보다 문제 해결을 중시하는 태도

③ 의사소통의 단절

④ 각자의 입장만을 고수하는 자세

⑤ 적대적 행동

23. 협상과정을 순서대로 바르게 나열한 것은?

① 협상 시작 → 상호 이해 → 실질 이해 → 해결 대안 → 합의 문서

② 협상 시작 → 상호 이해 → 실질 이해 → 합의 문서 → 해결 대안

③ 협상 시작 → 실질 이해 → 상호 이해 → 해결 대안 → 합의 문서

④ 협상 시작 → 실질 이해 → 상호 이해 → 합의 문서 → 해결 대안

⑤ 협상 시작 → 실질 이해 → 해결 대안 → 상호 이해 → 합의 문서

24. 다음 두 사례를 읽고 하나가 가지고 있는 임파워먼트의 장애요인으로 옳은 것은?

〈사례1〉
▽▽그룹에 다니는 민대리는 이번에 새로 입사한 신입직원 하나에게 최근 3년 동안의 매출 실적을 정리해서 올려달라고 부탁하였다. 더불어 기존 거래처에 대한 DB를 새로 업데이트하고 회계팀으로부터 전달받은 통계자료를 토대로 새로운 마케팅 보고서를 작성하라고 지시하였다. 하지만 하나는 일에 대한 열의는 전혀 없이 그저 맹목적으로 지시받은 업무만 수행하였다. 민대리는 그녀가 왜 업무에 열의를 보이지 않는지, 새로운 마케팅 사업에 대한 아이디어를 내놓지 못하는지 의아해 했다.

〈사례2〉
◆◆기업에 다니는 박대리는 이번에 새로 입사한 신입직원 희진에게 최근 3년 동안의 매출 실적을 정리해서 올려달라고 부탁하였다. 더불어 기존 거래처에 대한 DB를 새로 업데이트하고 회계팀으로부터 전달받은 통계자료를 토대로 새로운 마케팅 보고서를 작성하라고 지시하였다. 희진은 지시받은 업무를 확실하게 수행했지만 일에 대한 열의는 전혀 없었다. 이에 박대리는 그녀와 함께 실적자료와 통계자료들을 살피며 앞으로의 판매 향상에 도움이 될 만한 새로운 아이디어를 생각하여 마케팅 계획을 세우도록 조언하였다. 그제야 희진은 자신에게 주어진 프로젝트에 대해 막중한 책임감을 느끼고 자신의 판단에 따라 효과적인 해결책을 만들었다.

① 책임감 부족

② 갈등처리 능력 부족

③ 경험 부족

④ 제한된 정책과 절차

⑤ 집중력 부족

25. 다음은 정부의 '식품사고' 위기에 대한 대응 매뉴얼 내용의 일부이다. 이에 대한 설명으로 올바르지 않은 것은?

위기경보	수준
관심	• 해외에서 유해물질에 의한 식품사고가 발생하거나 발생할 우려가 있는 제품이 국내에 유통되고 있다는 정보 입수 • 수입, 통관, 유통단계에서 유해물질이 검출되거나 검출될 우려가 있는 제품이 국내에 유통되고 있다는 정보 입수 • 농·수·축산물 생산단계에서 유해물질이 검출되거나 검출될 우려가 있는 제품이 유통되고 있다는 정보 입수(풍수해, 유해화학물질 유출 등 재난 발생 정보 입수 포함) • 유해물질이 검출되거나 검출될 우려가 있는 제품이 제조, 가공, 유통된 경우(정보 입수 포함) • 50인 미만의 식중독 환자가 발생한 경우 • 국회, 소비자단체, 경찰 등 수사기관, 지자체 등에서 이슈가 제기된 경우(정보 입수 포함)
주의	• 관심 단계에서 입수된 정보가 실제로 발생한 경우 • 1개 지역에서 50인 이상 집단식중독 환자가 발생한 경우 • 제기된 이슈에 대해 2개 이상 언론사에서 부정적 언론을 보도한 경우
경계	• 주의 단계에서 발생한 사고 식품이 대량 유통되거나 관련 언론보도가 확산된 경우 • 2개 이상 지역에서 동일 원인으로 추정되는 집단식중독 환자가 총 100인 이상 발생한 경우 • 이슈 사항에 대하여 부정적인 언론보도가 지속적으로 반복되어 위기가 확산되는 경우
심각	• 주의 단계에서 발생한 사고 식품으로 인해 사망자 발생 등 심각하게 국민 불안감이 야기된 경우 • 원인불명에 의해 전국적으로 대규모 집단식중독 환자가 발생한 경우 • 이슈제기 사항에 대한 부정적 언론보도 확산으로 심각하게 국민 불안감이 야기된 경우

① A시와 B시에서 동일 원인에 의한 식중독 환자가 각각 40명과 70명 발생한 경우는 '경계' 단계에 해당된다.

② 사고 식품에 의한 사망자가 한 지역에서 3명 발생하였을 경우 '심각' 단계에 해당된다.

③ 환자나 사망자 없이 언론보도로 인한 불안감 증폭 시에도 위기경보 수준이 단계별로 변동될 수 있다.

④ 풍수해로 인한 농산물의 오염 시에는 최소 위기경보 수준이 '경계' 단계이다.

⑤ 언론을 통한 불안감 증폭이 없는 상황에서 실제로 환자가 발생하지 않을 경우, 위기경보 수준은 '관심' 단계를 유지하게 된다.

26. 다음과 같은 스위치의 기능을 참고할 때, 〈보기〉와 같은 모양의 변화가 일어나기 위해서 세 번의 스위치를 눌렀다면, 순서대로 누른 스위치가 올바르게 짝지어진 것은?

스위치	기능
★	1번, 3번 도형을 시계 방향으로 90도 회전 후 1번만 색깔 변경
☆	2번, 4번 도형을 시계 방향으로 90도 회전 후 4번만 색깔 변경
▲	1번, 2번 도형을 시계 반대 방향으로 90도 회전 후 짝수만 색깔 변경
△	3번, 4번 도형을 시계 반대 방향으로 90도 회전 후 홀수만 색깔 변경

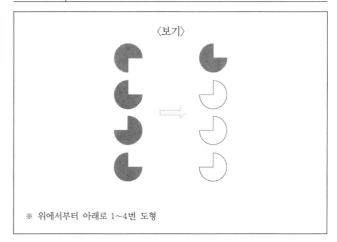

〈보기〉

※ 위에서부터 아래로 1~4번 도형

① ☆, ☆, ▲

② ★, ▲, △

③ ▲, △, ★

④ ▲, ▲, ★

⑤ ▲, ☆, △

27. 다음과 같은 프로그램 명령어를 참고할 때, 아래의 모양 변화가 일어나기 위해서 두 번의 스위치를 눌렀다면 어떤 스위치를 눌렀는가?

스위치	기능
★	1번, 3번 도형을 시계 방향으로 90도 회전함
☆	2번, 4번 도형을 시계 방향으로 90도 회전함
▲	1번, 2번 도형을 시계 반대 방향으로 90도 회전함
△	3번, 4번 도형을 시계 반대 방향으로 90도 회전함

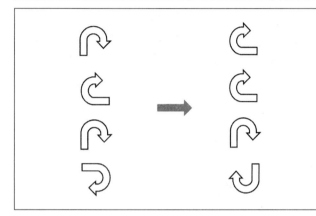

① ★, ▲
② ☆, △
③ ☆, ▲
④ △, ★
⑤ ▲, ☆

28. 다음은 구입 제품의 품질보증서에서 볼 수 있는 내용이다. 다음 내용을 올바르게 이해한 설명이 아닌 것은 어느 것인가?

〈무료 서비스〉
구입 후 1년(제품 보증기간) 이내에 제품이 고장 난 경우에만 무료서비스를 받을 수 있습니다.

소비자 피해유형	보상내용	
	보증기간 이내	보증기간 이후
구입 후 10일 이내 정상적인 사용 상태에서 발생한 성능, 기능의 하자로 중요한 수리를 요할 때	교환	–
구입 후 1년 이내의 동일 하자로 5회 미만 고장 시	무료수리	유료수리
구입 후 1년 이내의 동일 하자로 5회 미만 이상 시	제품교환	유료수리
수리용 부품은 있으나 수리 불가능 시	제품교환	정액 감가상각 후 교환

〈유료 서비스〉
1. 고장이 아닌 경우
   고장이 아닌 경우 서비스를 요청하면 요금을 받게 되므로 반드시 사용자 설명서를 읽어 주십시오.(의문 사항이 있으시면 구입 대리점이나 본사 사후관리팀으로 전화 주십시오.)
2. 소비자 과실로 고장인 경우
   • 소비자 취급 부주의 또는 함부로 수리, 개조하여 고장 발생 시
   • 전기용량을 다르게 사용하여 고장 발생 시
   • 당사에서 미지정한 소모품 사용으로 고장 발생 시
   • 천재지변에 의한 고장 발생 시 또는 소모품의 수명이 다한 경우

① 제품 구입 후 1년이 경과하면 무료 서비스를 받을 수 없다.
② 제품 구입 후 1주일 이내에 정상적인 사용에 의한 하자가 발생하면 제품을 교환받을 수 있다.
③ 220V 제품을 110V로 사용하여 고장이 발생한 경우에는 무료 서비스를 받을 수 없다.
④ 제품 구입 후 2년이 지난 시점에서도 일정 조건 하에서 물품을 교환받을 수 있는 방법이 있다.
⑤ 소모품이 자연적으로 수명을 다한 경우에는 무료 서비스를 받을 수 있다.

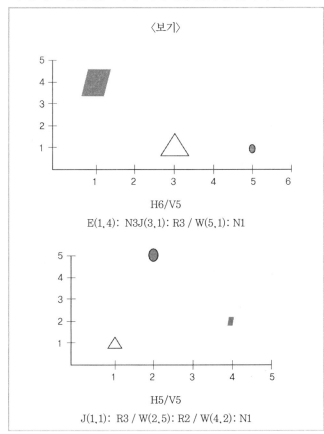

30. H6 / V5, W(1,3): N2 / E(2,1): R3 / J(3,4): N2 / W(6,1): R2의 그래프를 산출할 때 오류가 발생하여 다음과 같은 결과가 산출되었다. 다음 중 오류가 발생한 값은?

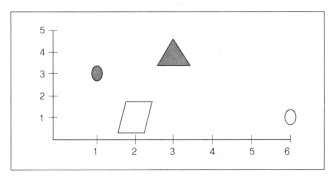

① H6 / V5

② W(1,3): N2

③ E(2,1): R3

④ J(3,4): N2

⑤ W(6,1): R2

29. 다음의 그래프에 해당하는 명령어로 적절한 것은 어느 것인가?

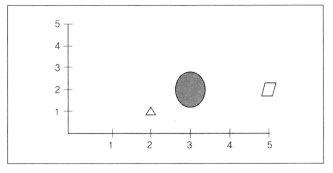

① H5 / V5, J(2,1): R1 / W(3,2): N3 / E(5,2): R1

② H5 / V5, J(2,1): R1 / W(3,2): N2 / E(5,2): R2

③ H5 / V5, J(2,1): R1 / W(3,2): N3 / E(5,2): R2

④ H5 / V5, E(2,1): R1 / W(3,2): N3 / E(5,2): R2

⑤ H6 / V5, J(2,1): R1 / W(3,2): N3 / E(5,2): R2

31. 다음 내용을 참고할 때, 산업재산권으로 보호받을 수 없는 것은 어느 것인가?

산업재산권이란 특허권, 실용신안권, 의장권 및 상표권을 총칭하며 산업 활동과 관련된 사람의 정신적 창작물(연구결과)이나 창작된 방법에 대해 인정하는 독점적 권리이다. 산업재산권은 새로운 발명과 고안에 대하여 그 창작자에게 일정기간동안 독점 배타적인 권리를 부여하는 대신 이를 일반에게 공개하여야 하며 일정 존속기간이 지나면 이용·실시하도록 함으로써 기술진보와 산업발전을 추구한다.

가) 특허
특허권은 발명한 사람이 자기가 발명한 기술을 독점적으로 사용할 수 있는 권리이다. 발명은 '자연법칙을 이용한 기술적 사상(idea)의 창작으로서 기술 수준이 높은 것'을 말한다. 벨이 전기·전자를 응용하여 처음으로 전화기를 생각해 낸 것과 같은 대발명의 권리를 확보하는 것을 특허라고 할 수 있다. 특허제도는 발명을 보호, 장려하고 그 이용을 도모함으로써 기술의 발전을 촉진하여 산업발전에 이바지함을 목적으로 한다. 특허의 요건으로는 ① 발명이 성립되어야 하고, ② 산업상 이용 가능해야 하며, ③ 새로운 것으로 진보적인 발명이라야 하며, ④ 법적으로 특허를 받을 수 없는 사유에 해당되지 않아야 한다.

나) 실용신안
실용신안은 기술적 창작 수준이 소발명 정도인 실용적인 창작(고안)을 보호하기 위한 제도로서 보호 대상은 특허제도와 다소 다르나 전체적으로 특허제도와 유사한 제도이다. 즉, 실용신안은 발명처럼 고도하지 않은 것으로 물품의 형상, 구조 및 조합이 대상이 된다.

다) 의장
산업재산권법에서 말하는 의장이란 심미성을 가진 고안으로서 물품의 외관에 미적인 감각을 느낄 수 있게 하는 것이다. 의장은 물품 자체에 표현되는 것으로 물품을 떠나서는 존재할 수 없다. 따라서 물품이 다르면 동일한 형상의 디자인이라 하더라도 별개의 의장이 된다. 최근에는 의류나 문구류 등 패션제품은 물론이고 자동차의 디자인까지 소비자의 관심을 끌기 위한 디자인 개발에 총력을 기울이고 있다.

라) 상표
상표는 제조회사가 자사제품의 신용을 유지하기 위해 제품이나 포장 등에 표시하는 표장으로서의 상호나 마크이다. 현대 사회는 우수한 상표의 선택과 상표 관리가 광고보다 큰 효과를 나타낼 수 가 있다. 따라서 상표는 기업의 꽃이라고도 한다.

① 오랜 실험을 통하여 개발에 성공한 의료용 시술 기기
② 시장 상황의 면밀한 분석을 통하여 결정한 환경친화적 특성을 부각시킨 신제품의 이름
③ 독특한 모양으로 소비자들의 기호를 사로잡은 H사 제품의 외관 디자인
④ 안전성과 편리함을 배가시킨 현관문 도어록 장치
⑤ 전 조합원들의 만족을 이끌어 낼 수 있는 R사의 독특한 인센티브 지급 계획

32. 다음은 K사의 드론 사용 설명서이다. 아래 부품별 기능표를 참고할 때, 360도 회전비행을 하기 위하여 조작해야 할 버튼이 순서대로 알맞게 연결된 것은 어느 것인가?

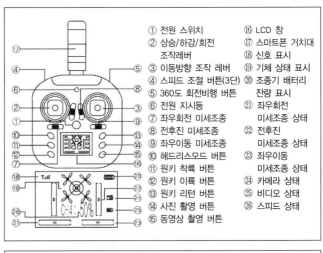

① 전원 스위치
② 상승/하강/회전 조작레버
③ 이동방향 조작 레버
④ 스피드 조절 버튼(3단)
⑤ 360도 회전비행 버튼
⑥ 전원 지시등
⑦ 좌우회전 미세조종
⑧ 전후진 미세조종
⑨ 좌우이동 미세조종
⑩ 헤드리스모드 버튼
⑪ 원키 착륙 버튼
⑫ 원키 이륙 버튼
⑬ 원키 리턴 버튼
⑭ 사진 촬영 버튼
⑮ 동영상 촬영 버튼
⑯ LCD 창
⑰ 스마트폰 거치대
⑱ 신호 표시
⑲ 기체 상태 표시
⑳ 조종기 배터리 잔량 표시
㉑ 좌우회전 미세조종 상태
㉒ 전후진 미세조종 상태
㉓ 좌우이동 미세조종 상태
㉔ 카메라 상태
㉕ 비디오 상태
㉖ 스피드 상태

360도 회전비행
팬토머는 360도 회전비행이 가능합니다. 드론이 앞/뒤/좌/우 방향으로 회전하므로 첫 회전 비행시 각별히 주의하세요.

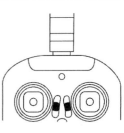

(1) 넓고 단단하지 않은 바닥 위에서 비행하세요.
(2) 조종기의 '360도 회전비행'버튼을 누른 후, 오른쪽 이동방향 조작 레버를 앞/뒤/좌/우 한 방향으로만 움직이세요.
(3) 360도 회전비행을 위해서는 충분한 연습이 필요합니다.

① ③번 버튼 - ⑤번 버튼
② ②번 버튼 - ⑤번 버튼
③ ⑤번 버튼 - ②번 버튼
④ ⑤번 버튼 - ③번 버튼
⑤ ⑦번 버튼 - ③번 버튼

33. 다음의 사례는 4차 산업발전을 기반으로 한 C2C의 내용이다. 아래의 내용으로 미루어 보아 4차 산업발전의 기술을 기반으로 한 CJ 오쇼핑이 제공하는 서비스와 가장 관련성이 높은 것은 무엇인가?

> 4차 산업혁명의 기술로 인해 우리의 실생활을 변화 시켜가고 있다.
>
> 자동차의 공유, 자전거우 공유, 우버택시 서비스, 카카오 택시 등 플랫폼을 활용한 공유경제가 우리 사회를 주도해 가고 있다. 특히 공유경제는 저비용, 고효율에 기반을 둔 개개인의 수익창출에 근간을 둔다. 공유경제의 기반은 플랫폼이다.
>
> 4차 산업혁명으로 인해 C2C의 경우 소비자는 상품을 구매하는 주체이면서 동시에 공급의 주체가 되기도 한다. 인터넷이 소비자들을 직접 연결시켜주는 시장의 역할을 하게 됨으로써 발생한 거래형태로 현재는 경매나 벼룩시장처럼 중고품을 중심으로 거래가 이루어지고 있는데, 그 한 가지 사례가 있어 소개한다.
>
> 스마트폰으로 팔고 싶은 물품의 사진이나 동영상을 인터넷에 올려 당사자끼리 직접 거래할 수 있는 모바일 오픈 마켓 서비스가 등장했다. CJ 오쇼핑은 수수료를 받지 않고 개인 간 물품거래를 제공하는 스마트폰 애플리케이션 '오늘 마켓'을 서비스한다고 14일 밝혔다. 기존 오픈 마켓은 개인이 물건을 팔려면 사진을 찍어 PC로 옮기고, 인터넷 카페나 쇼핑몰에 판매자 등록을 한 뒤 사진을 올리는 복잡한 과정을 거쳐야 했다. 오늘마켓은 판매자가 휴대전화로 사진이나 동영상을 찍어 앱으로 바로 등록할 수 있고 전화나 문자메시지, e메일, 트위터 등 연락 방법을 다양하게 설정할 수 있다.
>
> 구매자는 상품 등록시간이나 인기 순으로 상품을 검색할 수 있고 위치 기반 서비스(LBS)를 바탕으로 자신의 위치와 가까운 곳에 있는 판매자의 상품만 선택해 볼 수도 있다. 애플 스마트폰인 아이 폰용으로 우선 제공되며 안드로이드 스마트폰용은 상반기 안으로 서비스 예정이다. 이렇듯 4차 산업발전으로 인해 C2C 또한 빠르고 편리한 서비스를 제공하게 되는 것이다.

① 정부에서 필요로 하는 조달 물품을 구입할 시에 흔히 사용하는 입찰방식이다.

② 소비자와 소비자 간 물건 등을 매매할 수 있는 형태이다.

③ 정보의 제공, 정부문서의 발급, 홍보 등에 주로 활용되는 형태이다.

④ 홈뱅킹, 방송, 여행 및 각종 예약 등에 활용되는 형태이다.

⑤ 4차 산업혁명과 C2C는 기술적으로 아무런 관련성이 없는 방식이다.

34. 다음은 직업윤리에 대한 강좌에서 강사와 수강생들의 대화이다. 강사의 질문에 대한 답변으로 옳은 것만을 모두 고른 것은?

> 수강생 A : 직업 일반 윤리는 직업을 가지고 있는 모든 사람이 지켜야 할 도리입니다.
>
> 수강생 B : 직업별 윤리는 각각의 직업에 종사하는 직업인에게 요구되는 윤리적 규범을 말합니다.
>
> 강사 : 그럼 직업별 윤리에는 어떤 것이 있을까요?

> ㉠ 봉사, 책임 등의 공동체 윤리
> ㉡ 노사 관계 안에서의 근로자 및 기업가의 윤리
> ㉢ 직종별 특성에 맞는 법률, 규칙, 선언문, 윤리 요강

① ㉠

② ㉡

③ ㉠, ㉢

④ ㉡, ㉢

⑤ ㉠, ㉡, ㉢

35. 다음 중 근로윤리에 관한 설명으로 옳지 않은 것은?

① 정직은 신뢰를 형성하는 데 기본적인 규범이다.

② 정직은 부정직한 관행을 인정하지 않는다.

③ 신용을 위해 동료와 타협하여 부정직을 눈감아준다.

④ 신용을 위해 잘못된 것도 정직하게 밝혀야 한다.

⑤ 자신의 일에 최선을 다하고자 하는 마음을 가진다.

36. 원모는 입사 후 처음으로 회사의 회식에 참여하게 되었다. 하지만 사회생활이 처음인 원모에게 모든 것이 낯선 상황이다. 다음은 원모가 소속 중인 회사의 회식 및 음주예절에 관한 내용인데 아래의 선택지는 원모가 각 상황별로 해야 하는 행동이다. 이 중 가장 바르지 않은 것을 고르면?

① 술잔은 상위자에게 먼저 권하고 경우에 따라서 무릎을 꿇거나 또는 서서 잔을 따른다.

② 술을 마시지 않더라도 술잔을 입에 대었다가 내려놓는다.

③ 만약의 경우 선약이 있어서 중간에 회식자리를 떠날 시에는 사전 또는 중간에 상위자에게 보고하고 이석한다.

④ 건배 시에 잔을 부딪칠 때에는 상위자의 술잔보다 높게 들어야 한다.

⑤ 회식자리의 배치는 최상위자(주빈)을 맨 안쪽의 중간에 배치하며, 나머지는 최상위자와의 관계성, 송ㆍ환영 회식 등의 성격에 의해 자리에 착석한다.

37. 다음 설명에 해당하는 직업윤리의 덕목은?

> 자신이 하고 있는 일이 사회나 기업을 위해 중요한 역할을 하고 있다고 믿는 태도

① 직분의식   ② 소명의식

③ 천직의식   ④ 책임의식

⑤ 봉사의식

38. 직업인은 외근 등의 사유로 종종 자동차를 활용하곤 한다. 다음은 자동차 탑승 시에 대한 예절 및 윤리에 관한 설명이다. 이 중 가장 옳지 않은 것을 고르면?

① 승용차에서는 윗사람이 먼저 타고 아랫사람이 나중에 타며 아랫사람은 윗사람의 승차를 도와준 후에 반대편 문을 활용해 승차한다.

② Jeep류의 차종인 경우 (문이 2개)에는 운전석의 뒷자리가 상석이 된다.

③ 운전자의 부인이 탈 경우에는 운전석 옆자리가 부인석이 된다.

④ 자가용의 차주가 직접 운전을 할 시에 운전자의 오른 좌석에 나란히 앉아 주는 것이 매너이다.

⑤ 상석의 위치에 관계없이 여성이 스커트를 입고 있을 경우에는 뒷좌석의 가운데 앉지 않도록 배려해 주는 것이 매너이다.

39. 다음 중 이메일 네티켓에 관한 설명으로 부적절한 것은?

① 대용량 파일의 경우에는 압축해서 첨부해야 한다.

② 메일을 발송할 시에는 발신자를 명확하게 표기해야 한다.

③ 메일을 받을 수신자의 주소가 정확한지 확인을 해야 한다.

④ 영어는 일괄적으로 대문자로 표기해야 한다.

⑤ 상대로부터 수신 받은 메일은 24시간 내에 신속하게 답변을 해야 한다.

40. 다음 중 직장에서의 소개 예절로 옳지 않은 것은?

① 나이 어린 사람을 연장자에게 소개한다.

② 신참자를 고참자에게 소개한다.

③ 반드시 성과 이름을 함께 말한다.

④ 빠르게 그리고 명확하게 말한다.

⑤ 상대방이 항상 사용하는 경우라면, Dr. 또는 Ph.D. 등의 칭호를 함께 언급한다.

✎ 기계일반(40문항)

1. 다음 중 제동용 기계요소에 속하지 않는 것은?

① 링크

② 스프링

③ 브레이크

④ 캠

⑤ 베어링

2. 프레스 가공의 분류 중 전단가공에 해당하지 않는 것은?

① 구멍뚫기

② 커링

③ 셰이빙

④ 브로칭

⑤ 노칭

3. 나사에 대한 설명 중 옳지 않은 것은?

① 미터 가는나사는 진동이 있는 경우에 유리하다.

② 다중나사는 회전에 의한 이동거리를 크게 한다.

③ 톱니나사는 한 방향으로 큰 힘을 전달할 때 사용된다.

④ M4는 수나사의 유효지름이 4mm이다.

⑤ 줄수가 2이면, 리드는 피치의 2배가 된다.

4. 다음에서 설명하고 있는 현상은 무엇인가?

> 소성재료의 굽힘 가공에서 재료를 굽힌 다음 압력을 제거하면 원상으로 회복되려는 탄력 작용으로 굽힘량이 감소되는 현상을 말한다.

① 스프링 백

② 부분 탄성

③ 완전 탄성

④ 라멜라티어링

⑤ 한계 탄성

5. 다음은 줄에 관한 사항들이다. 이 중 바르지 않은 것은?

① 호칭치수는 자루부분을 포함한 전체 길이로 한다.

② 줄의 사용순서는 황목-중목-세목-유목의 순서이다.

③ 줄을 잡을 때에는 손바닥의 중앙에 자루의 끝을 댄다.

④ 줄눈의 크기는 황목이 가장 크며 유목이 가장 작다.

⑤ 평면 줄 작업법에는 직진법, 사진법, 횡진법이 있다.

6. 연삭숫돌과 관련하여 다음에서 설명하고 있는 현상은?

> 결합제의 힘이 약해서 작은 절삭력이나 충격에 의해서도 쉽게 입자가 탈락하는 현상이다. 이는 연삭숫돌의 성능에 매우 치명적이므로 철저히 관리를 해야만 한다.

① 트루잉   ② 드레싱

③ 글레이징   ④ 로딩

⑤ 스필링

7. 센터로 가공물을 지지하거나 드릴과 리머 등을 고정하여 작업하는 역할을 하는 선반의 주요부분은 무엇인가?

① 베드(bed)

② 주축대(head stock)

③ 심압대(tail stock)

④ 왕복대(carriage)

⑤ 이송대(feed mechanism)

8. 다음은 강과 탄소량의 관계에 관한 사항들이다. 이 중 바르지 않은 것은?

① 강의 탄소함유량이 많아지면 연신율이 감소한다.

② 강의 탄소함유량이 많을수록 용접이 어려워진다.

③ 탄소강은 탄소를 0.03%~2.0% 함유한 철이다.

④ 강은 순철보다는 탄소함량이 많으나 주철보다는 적다.

⑤ 강의 탄소함유량이 많아지면 경도가 감소한다.

9. 다음은 구리의 특성에 관한 사항들이다. 이 중 바르지 않은 것은?

① 가공경화로 경도가 증가한다.

② 경화 정도에 따라 연질,1/4경질,1/2연질로 구분한다.

③ 인장강도는 가공도 70%에서 최대이다.

④ 열간가공에 적당한 온도는 450~550도 이다.

⑤ 융점 이외에 변태점이 존재하지 않는다.

10. 다음 중 열경화성 수지를 모두 고르면?

(a) 폴리염화비닐수지	(b) 초산비닐수지
(c) 페놀수지	(d) 요소수지
(e) 폴리아미드수지	(f) 실리콘수지

① (a), (b), (d)

② (a), (c), (e)

③ (b), (d), (f)

④ (c), (d), (f)

⑤ (c), (e), (f)

11. 다음 담금질 조직 중 경도가 가장 높은 것은?

① 오스테나이트

② 마텐자이트

③ 트루스타이트

④ 소르바이트

⑤ 페라이트

12. 다음 중 미끄럼(슬라이딩)베어링을 구름베어링과 비교한 것으로서 바르지 않은 것은?

① 충격흡수능력이 크다.

② 고속회전에 유리하다.

③ 소음이 작다

④ 마찰계수가 크다

⑤ 추력하중을 용이하게 받는다.

13. 다음 중 유니버설 조인트에 대한 사항으로서 바르지 않은 것은?

① 일직선상에 있지 않은 두 개의 축을 연결하여 자유로이 회전하도록 하는 이음이다.

② 회전하면서 그 축의 중심선의 위치가 달라지는 것에 동력을 전달하는데 사용된다.

③ 원통축이 등속 회전해도 종동축은 부등속 회전한다.

④ 최대 사용각은 45도이다.

⑤ 관계 위치가 끊임없이 변화하는 두 개의 동력 전달 축을 연결한 커플링이다.

14. 두 축이 평행하지도 교차하지도 않으며, 큰 감속비를 얻으려는 곳에 사용하는 기어는?

① 크라운기어

② 헬리컬 기어

③ 평기어

④ 웜기어

⑤ 스퍼어 베벨기어

15. 다음은 여러 가지 밸브에 관한 사항들이다. 이 중 바르지 않은 것은?

① 리프트 밸브는 유체 흐름의 방향과 평행하게 밸브가 개폐되는 것으로 유량을 조절한다.

② 슬루스 밸브는 리프트 밸브의 일종이다.

③ 체크 밸브는 유체를 한쪽 방향으로 흐르게 하는 밸브이다.

④ 나비형 밸브는 조름밸브라고도 하며 평면밸브의 흐름과 평행한 방향으로 회전시켜 유량을 조절한다.

⑤ 회전 밸브는 밸브가 원통 또는 원뿔형으로서 축의 주위로 돌려서 개폐한다.

16. 동일 펌프 2대를 직렬로 설치할 때의 설명으로 맞는 것은?

① 양정과 유량 모두 변화가 없고 압력만 상승한다.

② 양정은 증가하고 유량은 변화가 없다.

③ 양정은 변화가 없으나 유량은 증가한다.

④ 양정은 변화가 없으나 압력수두가 감소한다.

⑤ 양정, 유량 모두 감소한다.

17. 다음 중 1회에 용해할 수 있는 구리의 중량으로 나타내는 것은?

① 도가니로 ② 용광로
③ 전로 ④ 전기로
⑤ 큐폴라

18. 왁스로 제품과 같은 모형을 만들고 이것을 다시 내화물질로 둘러싸고 왁스를 녹인 후 주형으로 사용하는 주조법은?

① 탄산가스 주조법
② 셀 몰드법
③ 인베스트먼트 주조법
④ 원심 주조법
⑤ 칠드 주조법

19. 다음 중 형단조의 특징이 아닌 것은?

① 대량생산이 가능하다.
② 제품이 정밀하지 못하다.
③ 가공비용이 저렴하다.
④ 제작비용이 고가이다.
⑤ 강도 및 내마모성, 내열성이 크다.

20. 다음 중 소성가공으로 옳지 않은 것은?

① 드릴링 ② 단조
③ 인발 ④ 나사전조
⑤ 압출

21. 다음 중 철판을 만드는 가장 유용한 방법은?

① 압연 ② 단조
③ 전조 ④ 펀칭
⑤ 드로잉

22. 롤러 또는 다이스를 이용하여 재료에 국부적인 압력을 가하여 회전시켜 제품을 만드는 가공법을 무엇이라 하는가?

① 단조 ② 압연
③ 전조 ④ 판금
⑤ 전단

23. 다음 중 알루미늄 분말과 산화철을 이용하여 용접하는 방법은?

① 테르밋용접 ② 서브머지드용접
③ 플라즈마용접 ④ 초음파용접
⑤ 전기저항용접

24. 가스용접에서 사용되는 안전기의 역할로 옳은 것은?

① 역화방지
② 불순물 제거
③ 부식방지
④ 가스압력조절
⑤ 절단간격조절

25. 용접부에 생기는 잔류응력을 없애려면 어떻게 하면 되는가?

① 담근질을 한다.
② 뜨임을 한다.
③ 불림을 한다.
④ 풀림을 한다.
⑤ 급랭시킨다.

26. 다음 중 선반의 크기를 나타내는 것은?

① 주축대와 삽입대 사이의 최대 길이
② 왕복대와 베드 사이의 최대 길이
③ 공작물과 베드 사이의 거리
④ 가공할 수 있는 공작물의 최대 지름과 길이
⑤ 가공할 수 있는 공작물의 길이와 베드 사이의 거리

27. 다음 중 두 줄의 비틀림홈드릴의 표준 날끝각은?

① 90°　　　　　　② 100°

③ 118°　　　　　④ 135°

⑤ 150°

28. 다음 중 평면절삭에 적당한 커터는?

① 사이드 커터　　　② 메탈소

③ 앤드밀　　　　　④ 플레인 커터

⑤ 사이드밀

29. 절삭가공 중 칩의 발생유형으로 옳지 않은 것은?

① 유동형　　　　　② 전단형

③ 균열형　　　　　④ 횡단형

⑤ 열단형

30. 다음 중 모형이나 형판에 따라 바이트를 이동시켜 절삭하는 선반은?

① 모방선반　　　　② 자동선반

③ 정면선반　　　　④ 보통선반

⑤ 타입선반

31. 다음 중 드릴의 절삭속도(m/min)를 구하는 공식을 옳게 나타낸 것은?

① $V = \dfrac{2N}{d}$　　　　② $V = \dfrac{\pi dN}{60}$

③ $V = \dfrac{\pi dN}{1,000}$　　④ $V = \dfrac{\pi dN}{6,000}$

⑤ $V = \dfrac{\pi dN}{90}$

32. 숫돌바퀴, 일감지지대, 조정숫돌바퀴, 조정대 등으로 구성되어 있으며, 지름이 작고 긴 일감의 연속대량생산에 적합한 연삭기는?

① 원통외면연삭기

② 유성형연삭기

③ 센터리스연삭기

④ 평면연삭기

⑤ 만능공구연삭기

33. 다음 중 각도 측정에 사용되는 것은?

① 오토 콜리미터

② 옵티컬 플랫

③ 블록 게이지

④ 원통 스퀘어

⑤ V블록

34. 다음 중 공차란 무슨 뜻인가?

① 기준치수 - 편차

② 기준치수 - 최대허용치수

③ 최대허용치수 - 기준치수

④ 기준치수 - 최소허용치수

⑤ 최대허용치수 - 최소허용치수

35. 구멍의 직경을 측정할 때 사용할 수 있는 측정기가 아닌 것은?

① 실린더 게이지

② 공기마이크로미터

③ 오토 콜리미터

④ 3점 측정기

⑤ 측장기

36. 다음 중 비파괴 검사법으로 옳지 않은 것은?

① 초음파 탐상법

② 방사선 탐상법

③ 크리프 시험법

④ 쇼어 경도 시험법

⑤ 침투 탐상법

37. 다음 중 Si를 표면에 침투시키는 표면 경화법은?

① 크로마이징

② 세라다이징

③ 실리코나이징

④ 카퍼라이징

⑤ 니켈라이징

38. 탄화 텅스텐 가루와 코발트 가루를 혼합하여 금형에 넣어 가압 성형한 후 고온에서 가열하여 만든 소결합금은?

① 초경합금   ② 세라믹

③ 고탄소강   ④ 고속도강

⑤ 내열강

39. 다음 철강재료 중 탄소함량이 가장 많은 것은?

① 나사못   ② 철사

③ 철판   ④ 쇠톱

⑤ 파이프

40. 담금질한 강의 내부응력을 제거시켜 강인한 성질로 개선시키기 위한 열처리방법을 무엇이라 하는가?

① 풀림   ② 노멀라이징

③ 템퍼링   ④ 표면경화

⑤ 질화

서 원 각

www.goseowon.co.kr